für Surupa

Anfang ist immer

Über das Lassen und das Tun

Petra Dietrich

Petra Dietrich: Anfang ist immer
Grafik: PD Kommunikation, München
Fotografie: Titel und Innenteil Egon Rohe
Porträt Torsten Weidmann

tao.de GmbH, Bielefeld, www.tao.de
ISBN: 978-3-95529-031-3
Printed in Germany

Bibliografische Information der Deutschen Nationalbibliothek:
Die Deutsche Nationalbibliothek verzeichnet diese Publikation in der Deutschen Nationalbibliografie; detaillierte bibliografische Daten sind im Internet über http://dnb.d-nb.de abrufbar.

Einladung

Sobald Sie Ihre Perspektive verändern, verändert sich die Welt. Ihre Welt, die so einzigartig ist wie Sie selbst.

Die Texte laden Sie ein, die Ihnen eigene Perspektive zu erkunden. Sie laden ein, eingefahrene Gedankenstrukturen und Reaktionsweisen zu erforschen und stellen die Frage: Haben Sie eine Wahl?

Geben Sie sich die Freiheit, Reaktionsmuster zu bemerken ohne ihnen nachzugeben, die Freiheit, während das Gedankenkarussell sich dreht, im Kontakt mit sich selbst und still zu bleiben?

So, wie wir mit den Dingen umgehen, die uns begegnen, gehen wir mit uns selbst um. Ob wir kontrollieren wollen, reflexhaft reagieren, kämpfen oder ob wir loslassen - in jedem Moment gestalten wir damit auch die Beziehung zu uns selbst. Jeden Moment neu. Anfang ist immer.

Lassen und Tun

Beginnen wir mit dem Offensichtlichen: Sie lesen. Etwas hat Sie veranlasst, das Buch zur Hand zu nehmen. Sie sind willkommen - ich freue mich über unsere Begegnung. Ich sitze an meinem Tisch und schreibe. Lassen und Tun. Beides geschieht, lebendig und still, in diesem Augenblick. Meine Finger bewegen sich über die Tastatur. Ich lade Sie ein, zu lesen. Draußen schneit es. Ich lasse mich schreiben.

Vieles, das uns Wert und Anliegen im Leben ist, erscheint als Tätigkeit: Sich weiter entwickeln, gute Arbeit machen, eine Karriere verfolgen, Netzwerke pflegen, eine Familie managen, sich gesund ernähren, bewusst Entscheidungen treffen, an einer Beziehung arbeiten.

Zeitungen, Ideologien, Persönlichkeitsmodelle sind voller Plädoyers für das Tätigsein. *Hast Du nichts zu tun?* ist eine Frage mit einem bedauernden bis abwertenden Beigeschmack. *Wir müssen etwas tun!* ein Ausruf, dem jeder zustimmen möchte. Etwas tun zu können erscheint wichtig, positiv und tröstlich.

Wir tun fortwährend etwas. Und sollten wir das Maß verfehlen und zuviel getan haben, dann tun wir, was die Ratgeber im Fall der Überlastung vorschlagen: Hören Sie eine Meditations-CD. Akzeptieren Sie die

Situation. Machen Sie Pausen. Arbeiten Sie an sich. Betrachten Sie Ihre Situation aus einer anderen Perspektive. Ernähren Sie sich bewusster.

Bitte halten Sie einen Moment inne.
Angenommen, Sie tun nichts.
Angenommen, Sie lassen etwas.

Lassen ist immer eine Option.
Lassen verlangt nicht einmal Untätigkeit.

Sie lassen sich - in Ruhe.
Wie immer Sie auch gestimmt sind.
Was immer Sie gerade tun.
Lassen Sie sich.

Innehalten

Ein Moment der Freiheit. Nichts entscheiden, nichts erledigen, nichts bedenken, nichts unternehmen.

Momente der Freiheit. Wir übersehen sie, wenn wir sie erleben, weil unser Blick auf Äußeres gerichtet ist und unsere Aufmerksamkeit den Aktivitäten des Verstandes folgt. Dort, in Gedanken und Vorstellungen, finden die Sensationen statt. Da gibt es Spekulationen über die Zukunft, Annahmen, Prognosen und einen großen Berg an Befürchtungen. Es gibt Geschichten über Vergangenes, manches Bedauern, manchen Unfrieden, wiederholtes Abwägen ...

Innehalten.
Inmitten des größten gedanklichen Aufruhrs, inmitten der Aufregung, inmitten des Strudels an Befürchtungen, inmitten des Stresses, inmitten der Begeisterung.

JA JA JA

Ziele

Da vorne sollten sie sein! Ziele, von denen gesagt wird, sie seien notwendig für die erfolgreiche Organisation des eigenen Lebensweges. Eindringlich klingt das, und wir glauben es.

Stellen wir fest, dass wir unsere Ziele nicht klar benennen können, beginnen wir zu suchen. Dann geschieht dies:
Wir suchen etwas, das wir nicht kennen.
Wir suchen an einem unbekannten Ort.

Ziele sind nicht da vorne. Ziele haben eine Vergangenheit und sind als Spur in Ihrer Erfahrung, Ihrem Tun und Erleben, erkennbar. Ziele werden hier sichtbar. Was immer ein Ziel für Sie sein kann - seine Spur ist auf dem Weg, den Sie bereits beschreiten, erkennbar und wird sich entwickeln, indem Sie weiter gehen.

Etwas muss anders werden

Viele Menschen beschreiben es als ein Gefühl. Da ist eine Empfindung, als unangenehm, als störend erlebt, die eine Bedeutung bekommt: *Etwas muss anders werden!* Ich selbst oder etwas in meinem Leben muss anders werden.

Ich hefte meine Aufmerksamkeit an den Begriff *anders*. Etwas muss anders werden. *Anders* wird besser sein. *Anders* beschäftigt meine Phantasie und ich entwerfe Situationen und Verhaltensweisen für die Zukunft, für die Zeit, in der es anders sein wird. Ich befasse mich mit Eigenschaften, die ich nicht habe, mit Umständen, die ich nicht erlebe.

Das, was da ist, gerät aus dem Blickfeld. Meine Beziehung zu mir hat den Tonfall der Korrektur: Nicht genug, nicht ganz passend, nur ein wenig anders ...

So, wie es jetzt ist, soll es nicht sein.

Wählen Sie, wohin Sie Ihre Aufmerksamkeit richten: Auf das Andere, das nur in der Vorstellung existiert, oder auf das jetzt und spürbar Vorhandene: Ihr Gefühl. Das Gefühl ist nicht identisch mit der Bedeutung, die es bekam. Gefühle lassen sich fühlen. *Anders* ist ein Gedanke.

Sie sind eingeladen, sich Zeit zu geben und Ihr Gefühl zu fühlen. Warm oder kalt? Drückend oder pochend? Zittrig oder leer?

Welch eine große und nahe liegende Veränderung.
Sie verändern die Ausrichtung Ihrer Aufmerksamkeit.
Sie bemerken das, was da ist.
Hier sind Sie mit sich in Kontakt.
Hier wird es stiller.
Fühlen Sie. Können Sie das wohlwollend tun?
Es ist schwer, dabei zu bleiben?
Tun Sie es behutsamer ... noch etwas behutsamer.

Ein Weg beginnt nicht mit dem ersten Schritt.
Ein Weg beginnt mit der Annahme des Vorhandenen.
Wenn es Zeit ist, wird der nächste Schritt offensichtlich sein.

So sein wie

Deutlich sehe ich das Bild in meiner Erinnerung: Wie diese Person dort gestanden hat, mit dieser Ausstrahlung, welchen Eindruck sie vermittelt hat, wie sie gesprochen und sich verhalten hat.

So bin ich nicht. So kann ich nicht auftreten. Ich vergleiche mich wieder und wieder, ändere ein wenig die Perspektive, beschwichtige mich und verliere doch. Souverän, irgendwie glänzend, selbstsicher ... so bin ich nicht. Tagelang begleitet mich die Vorstellung eines Dilemmas, nagend, beharrlich, und ich bin überzeugt, etwas können zu sollen was ich nicht zu können meine.

Was meines ist, kann ich nicht mehr sehen. Im Vergleich mit dem, was diese Person kann, schneide ich schlechter ab.

Können Sie sein wie jemand anders?
Wie auch immer Sie sind, Sie sind so, wie Sie sind.
Einzigartig.
So einzigartig in der Welt wie Ihr Fingerabdruck.

Gelassenheit

Inmitten des größten Trubels, inmitten der Routine des Alltags, während der Wartezeiten und in schlaflosen Nächten, ganz gleich, ob Sie genervt oder hungrig, erwartungsfroh oder müde sind, es eilig haben oder Langeweile erleben ... lassen Sie sich. Wir alle werden mit dieser Fähigkeit geboren.

Während wir aufwachsen, während Verstand und Verhalten ausgebildet werden, lernen wir zahlreiche weitere Arten, mit uns selbst umzugehen. Wir lernen uns anzustrengen, uns zu beurteilen, uns zu vergleichen, uns anzutreiben, uns zu entspannen, uns gut zuzureden, uns zu vergnügen, uns zurückzunehmen, uns zu rechtfertigen, uns zu verteidigen, uns zu ärgern ...

Gelassen sein. Keine Aktivität des Verstandes ist notwendig. Mit dem Gedanken *Was sollte ich tun, um gelassen zu sein?* geschehen Anspruch und Festhalten.

Ich lasse mich. Jetzt.

Du musst es nur bewusst wollen

Haben Sie das schon einmal versucht: Bewusst wollen? Wenn Sie es versuchten - wie würden Sie vorgehen? Würden Sie einen gewissen mentalen Nachdruck produzieren, gedanklich mehr Schwung holen als gewöhnlich?

Ja tönt die Stimme der Überzeugung, ja, ich kann die Dinge und Umstände, die mir begegnen, beeinflussen. Ist das Ihre Erfahrung? Verhindern Sie ungünstige Umstände, indem Sie etwas bewusst wollen, zeitigen Erfolge, verkürzen Wartezeiten, beflügeln Reaktionen anderer? Produziert bewusst wollen Dinge, die Ihnen genehm sind und verhindert, was Ihnen nicht gefällt?

Wir hängen an der Vorstellung, etwas tun zu können, um die Welt zu lenken. Eine Welt, die uns, wie wir meinen, ohne unser Eingreifen nicht das gibt, was wir brauchen.

Wieviel Raum geben wir der Erfahrung, uns dem Leben anzuvertrauen?

Man kriegt es nicht aus dem Kopf

Es beginnt schon vor dem Aufwachen. Im Wachwerden, noch bevor ich bereit bin, mich aus der Bettwärme zu lösen, erscheint in der Vorstellung plastisch und detailgenau diese Situation von gestern. Die beiden Kollegen, das Thema und die Stimmung sind deutlich präsent. Es war so wunderbar, diesem Geschehen im Schlaf zu entfliehen!

Auf dem Weg ins Bad freue ich mich auf die Dusche. Wenig später fühle ich das Wasser angenehm warm Nacken und Rücken herunterlaufen. Und dann sind sie wieder da, die Kollegen - ungefragt! Ich diskutiere mit ihnen in Gedanken. Ich empfinde die dazugehörige Anspannung und beginne vorsichtig, das Geschehen in meiner Vorstellung ein klein wenig zu korrigieren, so dass ich mich und die Erinnerung besser ertragen kann.

Dann stehe ich in der Küche und mache Kaffee. Suche aus dem Kühlschrank die Zutaten fürs Frühstück heraus. Erleichtert. Bis - ja, bis ein scharfer Einwurf in Gedanken erscheint, der mein Verhalten am gestrigen Tag kommentiert und die erlangte Ruhe zunichte macht.

Nein, wir suchen uns unsere Gedanken nicht aus. Wir haben keine Kontrolle darüber, was in den Gedanken erscheint.

Die einzige Entscheidung, die wir treffen können, ist diese: Wir können den gedanklichen Szenarien folgen oder wir können die Gedanken Gedanken sein lassen.

Bei sich sein oder in Gedanken sein.
Bei sich sein oder sich in Gedanken verlieren.

Nein, die Gedanken verschwinden nicht.
Die Gedanken laufen weiter.
Lassen Sie sie laufen.
Laufen Sie Ihnen nicht fasziniert oder verzweifelt hinterher.
Bleiben Sie hier.

Loslassen

Mögen Sie es ausprobieren? Bitte nehmen Sie dazu einen kleinen Gegenstand in die Hand und umschließen ihn mit der Faust. Spüren Sie Ihre Faust und die Spannung Ihrer Hand- und Fingermuskulatur.

Allmählich, sehr ... sehr behutsam und sehr ... sehr langsam lassen Sie nun Ihre Faust ... sich öffnen. Weiter ... noch etwas behutsamer ... bis die Handfläche geöffnet ist.

Diese Aktivität hinterlässt ein inneres Echo.
Lauschen Sie?

Sich entscheiden

Erinnern Sie sich an den Moment, in dem Sie die Entscheidung trafen? Dieser Moment in Ihrer Erinnerung - ist das der Moment der Entscheidung oder der Moment der Gewissheit: Ja, jetzt ist es entschieden?

Das Abwägen von für und wider, das Bedenken von Alternativen, Kriterien und Argumenten gehört, davon gehen wir aus, dazu. In Gedanken entstehen Diskussionen um das, was wäre, dazu Spekulationen über die Positionen anderer Beteiligter und dabei glauben wir tatsächlich, die Zukunft voraussagen zu können: Wenn ich mich so entscheide, wird dies geschehen - wenn ich mich anders entscheide, jenes.

Ist es sicher, dass Sie noch nicht entschieden sind? Ist die Entscheidung bereits zu ahnen, ganz im Hintergrund, während in Gedanken noch der Disput ausgetragen wird?

Ist es eilig? Ist die Tatsache, dass Sie denken, sie sollten sich entscheiden nicht ein Zeichen dafür, dass Sie Minuten, Stunden, Tage Zeit haben, bis der nächste Schritt nötig ist?

Lassen ist immer eine Option.
Ganz gewiss entscheidet es sich beizeiten.

Entscheidung

Entweder oder. Rechts oder Links. Verlangt Entscheidung die Wahl einer Option und den Ausschluss der anderen?

Das Wort Entscheidung bezeichnet das Wegfallen der Scheidung. Nicht geschieden meint es, sondern entschieden: Etwas kommt zusammen. Sie selbst mit dem, was für Sie stimmig ist.

Entscheiden.
Zusammenkommen.

Man kann doch nicht

Der Satz taucht leise und eher unscharf in Gedanken auf ... *man kann doch nicht.* Er ist nicht wirklich ausformuliert und doch bemerken wir ihn. Mehr noch - wir folgen mit der Aufmerksamkeit und im Handeln dieser Ermahnung. Nein, das kann ich nicht machen, ich mache also etwas anderes und das, das Andere, bekommt nun meine Aufmerksamkeit.

Halten Sie inne.
Worum ging es ursprünglich?
Bitte erinnern Sie sich. Was geschah unmittelbar bevor der Gedanke *man kann doch nicht* erschien?

Kurz bevor der Gedanke erschien, war eine Idee da. Ihre Idee. Gaben Sie sich Gelegenheit, die Idee zu prüfen, innerlich hin und her zu wiegen, wohlwollend, neugierig?

Man kann doch nicht.
Es ist bloß ein Gedanke.
Wie schnell er auftaucht.
Wie schnell die Bereitschaft da ist, sich nach ihm zu richten.

Man kann doch nicht

Man kann doch nicht einfach abwarten.
Man kann doch nicht sagen, wie es wirklich war.
Man kann das doch nicht anders machen.
Man kann sich nicht einfach darüber hinwegsetzen.
Man kann das doch keinem zumuten.
Man kann nicht einfach das Verfahren ändern.
Man kann da nicht einfach anrufen.

So viele Ideen.

Bei sich sein

Manchmal tut es gut, eine Hand auf das obere Brustbein zu legen. Tun Sie es sanft und so, dass die Außenseiten von Daumen und kleinem Finger auf der Brust aufliegen. Lassen Sie Ihre Hand dabei leicht geöffnet, die Fnger zeigen nach oben. Die Handfläche bildet eine kleine Höhle. Eine kleine, bergende Höhle.

Ausatmen.
Senken Sie das Kinn ein wenig.
Bei sich sein.

Wissen, was man will

Ich weiß nicht, was ich will. Ich habe den Verdacht es sei besser, wenn ich es wüßte. Ich bin überzeugt: Die Anderen wissen, was sie wollen! In solchen Momenten verliere ich meine Erfahrungen aus dem Blick:
Wenn ich handle, sage ich *Ich tue.*
Wann sage ich *Ich will*?

Ich habe schon oft gehandelt ohne zu wissen, was ich will. Ich habe schon oft gesagt *ich will*, ohne zu handeln. Wer prüft, was aus den Absichten wird?

Nein, ich weiß nicht, was ich will.
Wie viel leichter ist es für mich, zu wissen, was ich tue: Ich sitze hier und glaube den Gedanken, dass ich wissen sollte, was ich will.

Ja und Nein

Manchmal verlangt es Mut, sich selbst gegenüber aufrichtig zu sein: Ja, das sind meine Motive, ja, ich bin verletzt, ja, das habe ich boshaft gemeint, ja, das schätze ich an mir, ja, dieses Lebensgefühl ist spürbar, ja, ich wollte dich provozieren, ja, diese Haltung nehme ich gegenüber den Anderen ein.

In unseren Ansprüchen, unseren Rechtfertigungen und Korrekturwünschen steckt immer ein Nein: Nein, ich bin eigentlich nicht so, nein, ich hätte das anders machen sollen, nein, ich kann das nicht gut genug, nein, ich will mich nicht kritisieren.

Nein, ich will Ja zu mir sagen.
Ja, ich sage Nein zu mir.

Ich muss

Es lohnt sich zu prüfen, wozu das Wort *müssen* im Leben gebraucht wird. So leicht geht es uns von den Lippen: Ich muss noch dies oder jenes tun.

Wo ist die Quelle des Imperativs ich muss? Ist es eine innere Quelle - Leidenschaft? ‚Ich muss Dich sehen, Liebling!' ‚Es drängt mich - ich muss in die Natur!' Oder ist die Quelle eine scheinbar äußere Instanz, deren Vorgabe wir Folge leisten?

‚Ich muss arbeiten' - so sagen wir es selbst und hören es andere häufig sagen. ‚Damit es mir gut geht muss ich mich entspannen.' ‚Um fit zu bleiben muss ich einmal in der Woche...'

Müssen Sie?
Sind Sie sicher?
Reicht es aus, es zu tun?

Wir übersehen leicht, dass wir die Chance haben, freiwillig zu handeln. Brauchen Sie das Wort *müssen* in Ihrem Leben?

Ich muss

‚Ich muss die Dinge im Blick behalten.' Indem wir davon sprechen, was wir tun müssen, verstellen wir uns den Blick auf das, was wir tun. Denn müssend sind wir der Zeit immer ein kleines Stück voraus. ‚Ich muss einfach alles im Blick behalten!' ist eine Aktivität, die gleich nach dem Verstreichen dieses Moments beginnen wird.

Etwas bleibt ungesehen.
Etwas bleibt ungeachtet.
Mit dem Blick auf die Dinge, die ich muss, kann ich nicht erkennen, was ich bereits tue. So übersehe ich vielleicht, dass ich die Dinge im Blick habe und sagen kann: Was ich im Moment tue, ist gut. Ich werde die Dinge weiterhin im Blick behalten.

Möglichkeiten

Es sind Gedankenspiele: Möglichkeiten. Sind Sie für ein Experiment bereit? Legen Sie bitte einige Gegenstände vor sich auf den Tisch. Wunderbar, diese Auswahl! So viele Möglichkeiten. Jeden - oder auch mehrere - der Gegenstände könnten Sie aufnehmen.

Nun bewegen Sie Ihre Hand auf die Gegenstände zu. Lassen Sie Ihre Hand einen Gegenstand ergreifen.

Was geschieht im Moment des Ergreifens mit den Möglichkeiten?

Schön ist es im Land der unbegrenzten Möglichkeiten. Es ist ein Land außerhalb der Zeit. Jetzt und hier tun Sie das, was Sie tun.

Ich hätte es anders machen sollen

Dass ich es hätte anders machen sollen scheint außer Frage zu stehen. Die Vorwürfe, die in den Gedanken erscheinen, kennen meine Verletzbarkeit. Sie treffen mich genau.

Ich hadere. Ich kämpfe. Ich beginne, Erklärungen zu suchen. Die, die ich finde, verwerfe ich wieder und dann doch nicht. Ich argumentiere, konstruiere rückwirkend Alternativen und versuche den kurzen Trost, den die Vorstellung produziert, fest zu halten. Ich hätte eigentlich ... dann wäre es so ...

Es ist nicht möglich, es anders gemacht zu haben.
Es ist nie anders.
Es ist immer so, wie es ist.
Manchmal fällt es schwer, damit in Frieden zu sein.

In jeder Situation unseres Lebens tun wir das Beste, was wir vermögen.

Weil

Wir hatten uns für zwölf Uhr verabredet und ich bin jetzt, um zwanzig nach zwölf, am vereinbarten Ort. Ich freue mich, dich zu sehen. Ich bemerke meinen Impuls, eine Begründung zu konstruieren für den offensichtlichen Umstand, dass ich später als vereinbart eintreffe. Ich komme erst jetzt, weil ...

Wie wähle ich die Begründung aus? Erwähne ich, dass ich eine S-Bahn verpasst habe ‚Die Bahn ist mir vor der Nase weggefahren'? Entscheide ich mich für die ausführliche Version ‚Mein Sohn musste noch die Unterlagen für die Abi-Vorbereitung zusammenstellen und ich...'?

Jede Begründung lenkt die Aufmerksamkeit auf eine vergangene Geschichte. Erzähle ich sie, zögere ich den Zeitpunkt unserer Begegnung weiter hinaus. Eine Begründung verstellt den Blick auf den Moment, lenkt ab von meiner Freude und deiner Bereitschaft. Schön, dass du gewartet hast.

Ich bin zwanzig Minuten später angekommen als vereinbart. Wie ungewohnt es ist, das als Aussage, nicht als Rechtfertigung zu hören.

Ich freue mich, dich zu sehen.

Weil

Haben Sie eine Streichholzschachtel zur Hand? Bitte nehmen Sie ein Streichholz und reißen es an.

Warum brennt das Streichholz?
Weil ich dieser Aufforderung gefolgt bin.
Weil sich durch die Reibung des Schwefelkopfes an der Reibefläche ein Funke entzündet.
Weil das Holz der Flamme Nahrung gibt.

Ein *weil* am Satzanfang täuscht eine abschließende Antwort vor. Eine, die zufrieden und satt macht. Eine, die das Geschehen wirklich erklärt. Gern unterliegen wir der Verführung, Begründungen zu formulieren und sie zu glauben.

Welchen Wert hat ein Weil?

Das macht mir Angst

Meine Aufmerksamkeit ist auf *das* gerichtet. *Das* macht mir Angst. Um *das* drehen sich in meinem Kopf Befürchtungen und düstere Zukunftsbilder. Ich betrachte sie gebannt, voller banger und unruhiger Empfindungen. *Das* macht mir Angst.

Wie macht *das* es, dass es Angst macht? *Das* erhält seine Kraft durch die Aufmerksamkeit, die wir ihm geben. Solange wir uns mit den Befürchtungen, deren Entkräftigung oder Bestätigung beschäftigen, erkennen wir nicht, was offensichtlich ist: *Das* besteht aus Gedanken. *Das* lebt allein in der Vorstellung.

Mit dem Blick auf *das* sind Sie weit weg von sich. *Das* verliert seine Macht, sobald Sie Ihre Aufmerksamkeit sich selbst zuwenden. Empfindungen, seien sie auch bang oder unruhig, sind hilfreiche Wegweiser dabei.

Wie ist für Sie die Erfahrung, Ihren Empfindungen mit Wohlwollen zu begegnen?

Etwas fehlt

Wir betreten ein Schlaraffenland: Alles, alles bietet sich an, denn alles, alles könnte fehlen. Wählen Sie das, was Sie zu brauchen glauben? Das, was Sie bei Anderen sehen und gern hätten? Das, was Sie quält oder das, was Sie träumen lässt?

Wir sind hier.
Wir erfahren das Vorhandene - das Nicht-Vorhandene existiert allein in unserer Vorstellung.

Wir fühlen nicht, dass etwas fehlt.
Wir fühlen etwas - und dann denken wir, etwas fehle!
Und oft genug verlieren wir den Kontakt zu uns selbst in dem Eifer, das Fehlende zu erringen.

Suchen, was fehlt.
Fühlen, was da ist.

Wohlwollen

Jetzt, in diesem Moment, ist es möglich: Sich wohlwollend auf Menschen, auf Dinge, auf sich selbst zu beziehen.

Im Laufe unseres Lebens haben wir erfahren wie sehr es schmerzt, wenn Wohlwollen an Bedingungen gebunden ist. Wir haben uns angestrengt, um das Wohlwollen Anderer durch angemessene Verhaltensweisen oder gute Leistungen zu erringen. Wir haben uns diszipliniert und abgearbeitet, um uns nach getaner Tat selbst mit Wohlwollen zu belohnen.

Ihr Wohlwollen mit sich selbst ist heilsam gerade dann, wenn Sie Ihren eigenen Ansprüchen nicht genügen.

Wohlwollend sein. Was immer wieder berührt ist die Bedingungslosigkeit.

Die U-Bahn ist voll. Es ist laut und zu warm im Waggon, wir stehen gedrängt. Wer sich unterhalten will, muss laut sprechen und ich höre eine Frau von der unangenehmen Situation voller Missverständnisse, die sie heute erlebt hat, erzählen:

„...und dann habe ich etwas Unpassendes gesagt. Peinlich war das und die haben mich alle befremdet angesehen. Ich hab mich so schlecht gefühlt. In meinen Gedanken waren nur Vorwürfe und Urteile. Mein Chef ist dann auch noch rausgegangen und ich war mit denen alleine. Und ich bin wohlwollend mit mir geblieben. Ich hab innerlich immer wieder losgelassen und mich selbst in den Arm genommen. Damit hab ich mir so gut getan.“ Ihre Stimme klingt bewegt. Ich bin berührt. Die Bahn hält.

Bewusst sein

Ich lasse den Autoschlüssel fallen. Unter den Früchten in meinem Einkaufskorb finde ich eine matschige Orange. Die Sonne scheint. Auf der Autobahn ist ein Stau. Ich bekomme eine neue Arbeitsstelle. Ich bin pünktlich am Bahnhof. Ich vergesse, jemanden zurück zu rufen.

Ich kann angesichts des Geschehens außer mich geraten. Ich kann bei mir bleiben. Ich kann die Beteiligten verurteilen. Ich kann mich selbst verurteilen. Ich kann darauf beharren, dass es anders hätte kommen müssen. Ich kann loslassen. Ich kann darauf vertrauen, dass das Leben es gut mit mir meint. Ich kann begründen, warum es mich zu Unrecht trifft.

Was immer auch geschieht und mir begegnet, wie immer ich auch bin: Ich begleite mich so aufmerksam und wohlwollend, wie ich es vermag. Zögerlich reklamiere ich die matschige Orange.

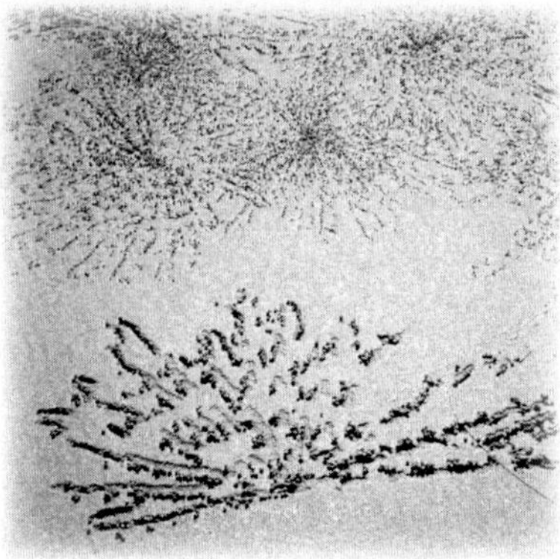

Akzeptiere es einfach

Wie kommt es, dass wir darüber sprechen, ob wir etwas akzeptieren oder nicht? Dinge geschehen, ohne dass wir gefragt werden. Es ist offensichtlich: Bevor wir darüber entscheiden, ob wir etwas akzeptieren oder nicht, ist es bereits geschehen.

Manchmal gelingt es uns. Manchmal lassen wir uns so sein, wie wir sind. Manchmal hadern wir mit dem Geschehen. Manchmal fordern wir Andere auf, etwas zu akzeptieren. Manchmal erteilen wir diesen Rat und hoffen, der Andere würde aufhören, die Geschichte seines Sträubens wieder und wieder zu erzählen.

Ich bekomme die Wohnung nicht. Eine Beziehung ist zu Ende. Ein Freund erkrankt. Die Menschen bekämpfen einander. Mein Urlaubsantrag wird abgelehnt. Ein Kunde reklamiert etwas. Ich bin betroffen. Mein Kollege wird schon wieder gelobt.

Was ist, ist. Auf wunderbare Weise ist dies gewiss: Akzeptanz schließt das Nichtakzeptieren wohlwollend mit ein.

Ich akzeptiere, dass ich das nicht akzeptiere.

Stille

Stille findet Sie, indem Sie eintauchen. Stille wartet im Zentrum der Empfindungen, mitten in der Sensation, im Auge des Orkans, mitten in der Trauer, mitten in der Freude. Stille.

Stille findet Sie, indem Sie eintauchen, tief und tiefer in sich selbst. Willkommen zuhause.

Dankbar bin ich den vielen Menschen, die mir erlaubt haben und erlauben, sie ein Stück auf ihrem Weg zu begleiten. Dankbar bin ich meinen Freunden für die Leichtigkeit, die Zuneigung und den Spaß in unserem gemeinsamen Erleben. Dankbar bin ich meinen Lehrern für die Ahnung und die Gewissheit der unendlichen Weite, in der wir geborgen sind. In jeder Begegnung lerne ich mehr über die spannenden und berührenden Aspekte des Menschseins. Die Texte sind vor dem Hintergrund dieser Erfahrungen entstanden.

www.petra-dietrich.de
www.anfang-ist-immer.de